濃いめがおいしい
至福のプリン

柳瀬久美子
星谷菜々
高吉洋江
藤野貴子

家の光協会

はじめに

卵、牛乳、砂糖に、あればバニラビーンズ。
特別な材料や道具がなくてもすぐに作れるのが、
プリンのいいところ。
お菓子作りの原点は「プリン」、という人も多いのではないでしょうか。

全卵だけで作る昔ながらのやさしい味のプリン、
とろ〜り、なめらかな口当たりのとろけるプリン、
ちょっとかための懐かしい喫茶店風レトロプリンなど、
プリンは時代を映すお菓子です。
濃いめがキーワードの今、卵黄や生クリームなどを加えて
濃厚に仕上げたプリンが注目を集めています。

作り方もいたってシンプルなプリンですが、
材料の配合を変えるだけで、味や香り、食感の違いが楽しめます。
プリンのベストコンビ、ほろ苦カラメルソースも欠かせません。

プリンはバリエーションが豊富なことも魅力です。
生地にチョコなどのフレーバーやフルーツ、野菜のペーストなどを混ぜたり、
またゼラチンで冷やして固めるプリンもあります。
定番のプリンカップをはじめ、大きな型や薄いバットなどで
型をかえるとグッと表情も変わります。

プリン好きと自他ともに認める4人の料理家・菓子研究家の
濃厚なのにあと味すっきりのプリンレシピをお届けします。
なるべく無駄が出ない、きりのいい分量で作れる工夫も凝らしました。

毎日食べても飽きないおいしさ。
ひと口食べると、思わず笑顔になる至福のプリン。
あなただけのお気に入りレシピが必ず見つかるはずです。

contents

02	はじめに
06	プリンの材料
08	本書で使っているプリン型について

Part1
濃厚カスタードプリン

10	基本の濃厚カスタードプリン
14	カラメルソースを作る
15	カラメルソースバリエーション
16	とろとろなめらかプリン
18	喫茶店風レトロプリン
20	濃厚カスタードプリン液をアレンジ　カタラーナ風アイスプリン
21	喫茶店風レトロプリンをアレンジ　プリン・ア・ラ・モード
22	大きな型で　コンデンスミルクのベトナム風プリン
24	プリン瓶で　ウイスキー風味のなめらかプリン
25	バットで　フルーツカラメルプリン
26	［柳瀬さんの思い出プリン］　懐かしいママプリン

Part2
フルーツ&野菜の濃厚プリン

28	桃の杏仁プリン
30	いちごミルクプリン
32	メープルポテトプリン
33	マンゴープリン
34	パイナップリン
36	オレンジ&にんじんのチーズ風味プリン
38	かぼちゃの豆乳プリン
39	マロンプリン
40	さつまいもプリン
42	ミント風味のはちみつレモンプリン
44	［星谷さんのもてなしプリン］　全卵だけのオーソドックスプリン

Part3

フレーバー濃厚プリン

46	クリームチーズプリン
48	チョコレートプリン
50	黒糖プリン
51	メープルくるみプリン
52	抹茶プリン
54	ダブルカラメルプリン
56	きな粉プリン
57	黒ごまプリン
58	チャイプリン
60	［高吉さんの思い出プリン］　ほうじ茶プリン

Part4

プリンの仲間のバリエーション

62	ローズマリー風味のクレームブリュレ
64	チーズフラン
66	あんずのブリオッシュプディング
68	ポ・ド・クレーム・カフェ
69	ぶどうのクラフティ
70	スフレプリン
72	［藤野さんのもてなしプリン］　グレープフルーツのプリン
73	残った卵白が主役のお菓子　ココナッツマカロン
	フィナンシェ

76	おいしいプリン作りのコツ＆アイディア
79	プリンの道具

プリンの材料

プリンの基本材料は卵、牛乳、砂糖の3つに風味づけのバニラビーンズ。材料はシンプルですが、配合のアレンジ、加えるフレーバーやフルーツ＆野菜で味のバリエーションが広がります。

卵

加熱すると固まる卵の性質を利用したのが、プリン。卵黄には水分と油分を混ぜる乳化性もあります。プリンは卵の香りや風味が強く出るので、鮮度がいちばん。賞味期限ではなく、産卵日を記載しているものならベストです。卵黄の割合が多いと濃厚でやわらかいプリンに、全卵のプリンはレトロ風なかためのさっぱりとした味わいに仕上がります。

牛乳

プリンの口当たりをなめらかにする働きを持つ牛乳は卵同様、新しいものを買い求めること。卵の風味を重視するなら、一般的な牛乳を。ミルク感を重視するなら、余分に加熱されておらず、生乳のような風味が残っている低温殺菌牛乳と使い分けて。牛乳の煮立たせすぎは風味が落ちるので気をつけて。

生クリーム

牛乳の乳脂肪分を分離させたもの。植物性油脂を混ぜたものではなく、動物性脂肪が原料のものを使用すること。牛乳の一部を生クリームにかえると、なめらかでコクのあるプリンになります。脂肪分が35～36％のものと、42～45％のものが一般的ですが、脂肪分が高いほど分離しやすく、すも入りやすくなります。

グラニュー糖

粒子が細かく、最も精製度が高い砂糖。クセがないので、素材の風味を損なわず、使いやすい。

上白糖

白砂糖とも呼ばれる上白糖は料理用としてもおなじみ。しっとりしたソフトな風味の砂糖で、水に溶けやすい。同量ならグラニュー糖より甘みを強く感じる。上白糖でカラメルソースを作ると、色づきが早く、濃いめにつきやすい。

きび砂糖

サトウキビの風味やコク、ミネラル分が残るまろやかな甘みの砂糖。プリンに使うと香りやコクを楽しめます。

バニラビーンズ

ラン科の植物の種をさやごと、発酵、乾燥させたもの。マダガスカル、タヒチ、メキシコなどが主な産地。さやから黒い種子を出して、牛乳などと煮て香りを移します。卵特有のにおいをやわらげ、独特な甘い香りでプリンの味わいをワンランクアップさせます。価格が高騰している現在、入手できたら余すことなく使いましょう。

バニラエッセンス、バニラオイル

バニラビーンズが入手困難なときは、バニラエッセンス、バニラオイルを使ってもよいでしょう。バニラビーンズからアルコール抽出したのがエッセンス。油性のものがオイルで、加熱しても香りがとびません。2～3滴加えて代用を。

粉ゼラチン

動物の骨や皮などに含まれるコラーゲンが原料。冷えると固まる性質を生かして、加熱しないプリンに使用します。水でふやかして使いますが、ふやかさなくても直接お湯に溶けるタイプも。ほかに板状の板ゼラチンもあります。

本書で使っているプリン型について

意外と種類の多いプリンカップ。プリンカップの材質や大きさ、またオーブンや蒸し器など火を入れる道具によって加熱時間は違ってきます。本書で主に使用しているのは、どのタイプのプリンにも使えるこの2種です。どちらの型も4～5個あるとレシピの分量に対応できます。

- 型のサイズは内寸です。

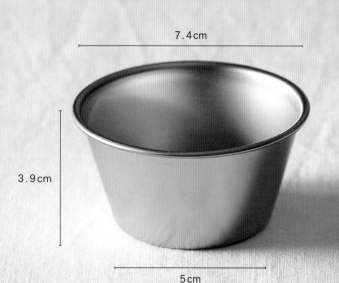

7.4cm / 3.9cm / 5cm

ステンレス製プリンカップ
（満水容量130ml）

7.1cm / 5.8cm / 4.6cm

シリコンふたつき ガラスプリンカップ
（満水容量150ml）

ステンレスはゆっくり火が入っていくので、アルミの型に比べて加熱時間はかかるが、やわらかめのなめらかな舌ざわりに仕上がる。また酸に強い材質なので、酸の強いフルーツを使って冷やし固めるプリンには、ステンレス製を。洗いやすく手入れが簡単。

アルミ素材の型は熱伝導が非常によいため、火が入りやすい。ステンレス型とほぼ同じ容量のアルミ型なら、焼き時間は3～5分短くなる。軽くて錆に強いアルミ製だが、強い酸が苦手。フルーツを使うプリンには向かない。

耐熱性のシリコンふたがついた、耐熱ガラスのプリンカップ。ふたをしたまま、蒸し器や電子レンジでの加熱はもちろん、ふたを取ればオーブン使用もOK。金属に比べ、やさしく加熱できるので、プリンの敵、すが比較的入りにくく、仕上がりもきれい。透明なので焼き上がりの目安もわかりやすい。デザートカップや、保存容器としても使用可能。

【型の提供】
製菓材料通販サイト　cotta（コッタ）
https://www.cotta.jp/

【本書の使い方】
- 大さじ1は15ml、小さじ1は5mlです。
- 卵は室温にもどします。Part 1～3はMサイズ、Part 4と「残った卵白が主役のお菓子」ではLサイズを使用しています。
- バターは食塩不使用、生クリームは動物性乳脂肪のものを使用しています。
- プリンの火の入れ方は、オーブンと蒸し器があります。使用する道具や加熱時間などは、各先生のおすすめのやり方で紹介しています。ただし、どのプリンもオーブン、蒸し器どちらでも作れます。レシピ記載と違う道具で作る場合は、様子を見ながら加熱時間を調節してください。
- オーブンは設定温度に予熱しておきます。予熱時間は機種によって異なりますので、タイミングをはかって予熱を始めてください。焼き時間も機種によって多少差がありますので、レシピの時間を目安に様子を見ながら加減してください。
- 電子レンジの加熱時間は、600Wが基準です。500Wの場合は2割増しにしてください。

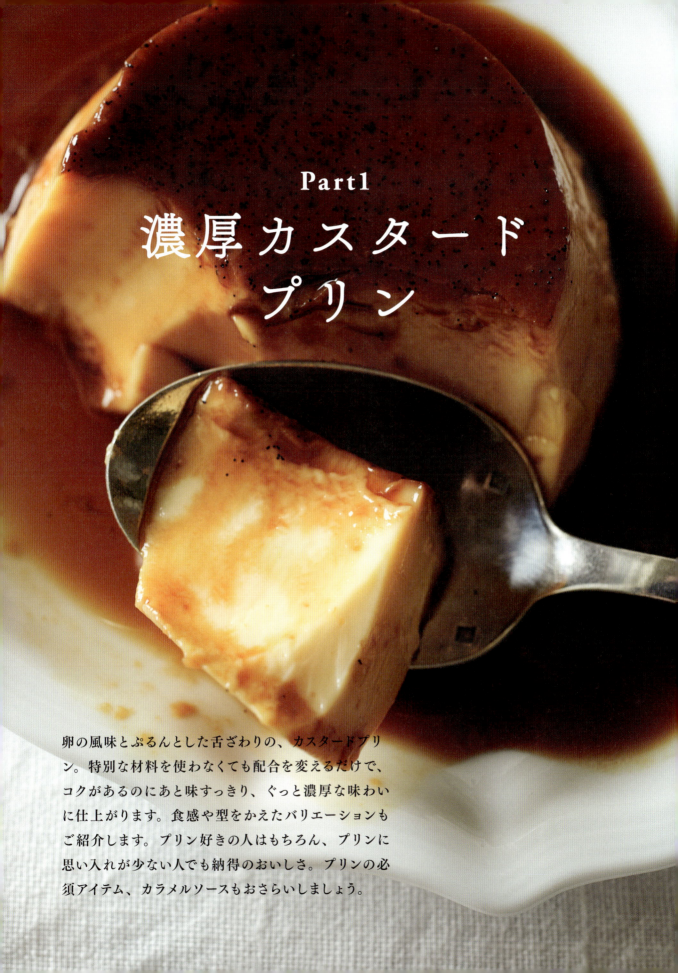

Part1
濃厚カスタードプリン

卵の風味とぷるんとした舌ざわりの、カスタードプリン。特別な材料を使わなくても配合を変えるだけで、コクがあるのにあと味すっきり、ぐっと濃厚な味わいに仕上がります。食感や型をかえたバリエーションもご紹介します。プリン好きの人はもちろん、プリンに思い入れが少ない人でも納得のおいしさ。プリンの必須アイテム、カラメルソースもおさらいしましょう。

基本の濃厚カスタードプリン

全卵に「卵黄」、牛乳には「生クリーム」を加えて濃厚に仕上げたカスタードプリンは、ほろ苦いカラメルソースと絶妙にマッチ。このプリンで基本の作り方をマスターしましょう。

材料（容量120mlのプリン型4〜5個分*）

カラメルソース
　砂糖…60g
　水…大さじ1
　熱湯…大さじ2

プリン液
　卵…2個
　卵黄…2個分
　牛乳…200ml
　生クリーム…50ml
　グラニュー糖…50g
　バニラビーンズ…1/4本

＊鍋で直火湯煎する場合のみ、5個分の分量になる。

カラメルソースを作って型に流す

p.14を参照して同様に作り、ソースが熱いうちに型に等分に流し入れる。

下準備

- バニラビーンズは縦に切り目を入れて開き、種子を包丁でしごいて取り出す。
- オーブンは150℃に予熱する。

プリン液を作る

1 鍋に牛乳、生クリーム、グラニュー糖、バニラの種子を入れて火にかける。沸騰させずに、砂糖が溶ける50℃くらいまで温める。
＊牛乳を温めるのは砂糖を溶かすことと、その後の生地なじみをよくするため。沸騰させてしまったら、冷ますこと。

2 大きめのボウルに卵と卵黄を入れ、泡立て器を左右に動かして、卵のコシを切るように溶きほぐす。
＊泡立てないように注意する。生地に空気を抱き込ませるとすの原因に。

3 泡立て器で混ぜながら、1を少しずつ加える。

4 プリン液を万能こし器やざるなどでこして、ゴムべらでバニラの種子をしごき落とす。

5 表面に浮かんだ白い泡にペーパータオルをかぶせ、静かにはずして取り除く。
＊こすことや泡を取り除くことで、なめらかな口当たりになる。

6 準備した型に等分に、生地を泡立てないよう静かに流し入れる。
＊プリン液は注ぎ口のついた計量カップなどに移すと、きれいに注げる。

火を入れる

オーブンで焼く

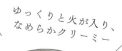

ゆっくりと火が入り、なめらかクリーミー

7

天板にペーパータオルを敷いたバットをのせる。間隔をあけて型を並べ、熱湯を型の底から1.5〜2cm高さまで注ぐ。
＊ペーパータオルを敷くと、型がすべらず、安定する。
＊熱湯を注ぐときは、オーブンのそばで作業すること。

8

150℃のオーブンに入れ、30〜35分焼く。オーブンから出して粗熱を取り、冷蔵庫で十分に冷やす。
＊型を斜めにしたとき、プリンの表面が固まって、たわまなければOK。
＊型の大きさにより異なるが、2〜6時間を目安に冷やす。

★ほかの道具で火を入れる

蒸し器で蒸す場合

生地に弾力がありぷるんとした舌ざわりに

蒸気の上がった蒸し器にペーパータオルなどを敷き、上にプリン型を並べる。水滴が落ちないように布きんで包んだふたをし、最初の30秒は少し強火、その後ごく弱火にして約20分蒸す。オーブンで焼く場合と同様に、粗熱を取って冷蔵庫で冷やし、型からはずす。

型からはずす

9
スプーンの背を水で濡らし、生地の縁をやさしく押して、生地と型の間に空気を入れるようにする。

10
型の側面にペティナイフなどを差し込んで、ぐるりと1周する。

11
型の上に皿をかぶせ、両手で押さえてひっくり返し、2～3回ふって型からプリンをはずす。

鍋で直火湯煎する場合

> オーブンや蒸し器がなくても大丈夫

プリン液を型に流し入れ、型にひとつずつアルミホイルでふたをする。湯煎の湯につかないように縁は折り返す。厚手の鍋またはぴたりとふたのできる深めのフライパンに湯を沸かし（湯量は型の底から1/3ほどがつかる程度）、ペーパータオルを敷いて型を並べる。ふたをしてごく弱火で約20分蒸す。オーブンで焼く場合と同様に、粗熱を取って冷蔵庫で冷やし、型からはずす。

＊型とアルミホイルのふたの間に、ある程度のすき間が必要なので、生地は型の七～八分目を目安に入れる。

カラメルソースを作る

シンプルなプリンに欠かせないのが、ほろ苦いカラメルソース。
まずは基本をレッスンしましょう。

材料（作りやすい分量）

砂糖…60g
水…大さじ1
熱湯…大さじ2

1 鍋に水と砂糖を入れ、全体をざっとなじませて中火にかける。

2 しばらくすると砂糖が溶けて全体に透明なシロップになり、フツフツと泡立ってくる。
＊沸騰してできる泡は、まだ糖度が低いのでさらさらですぐに消える。

3 さらに煮詰めていくと鍋肌からうっすらと茶色く色づきはじめる。
＊糖度が上がるので煮立つ泡に粘度が出てくる。

4 煮立ったら鍋を揺すって、全体に均一に色をつけるように煮詰める。
＊煮立つまでは鍋を揺すらないこと。

5 温度が上がり、鍋から煙が上がって、全体に濃いめの茶色になったら火を止めるタイミング。泡は急激にさらさらになる。
＊火を止めても余熱でどんどんカラメルは焦げていくので、ここで好みの色まで色づける。濃いめにすれば苦く、薄めの色がよければ甘くなる。

6 木べらに伝わせながら熱湯を注ぎ、むらなく混ぜ合わせる。
＊鍋の中の蒸気に手が当たると火傷の原因に。カラメルがはねるので、手が鍋中に入らないように注意して。

カラメルソースのかたさをチェック

透明なコップに冷水を入れ、カラメルソースをスプーンで数滴落とす。

加えた水分がどのくらい蒸発したかによってカラメルソースの粘度が変わってきます。カラメルソースがかたすぎたり、さらさらしすぎたという失敗は、粘度チェックをして修正を。

「ベストなかたさ」
カラメルソースが水の中でゆらゆらとほぐれながらもひとかたまりで下に落ち、さわるとやわらかく固まっている程度。

「粘度不足」
下に落ちる前に冷水になじんでしまったり、下に落ちても、ほぼ形にならないときは、プリン液を加えたときになじんでしまいがち。カラメルソースの鍋を再び火にかけて少し煮詰めて。再度冷水に落として確認を。

「かたすぎ」
冷水に落としたら固まりながら沈んだけれど、取り出したらカリカリの飴状になっていたら、かたすぎ。かたすぎると器にひっくり返したときに型にカラメルソースが残ってしまう。水少々を加えて全体をなじませてから沸騰させないように火にかけて。再び冷水に落として確認を。

カラメルソースバリエーション

お家にあるスパイスやリキュールを合わせて、カラメルのアレンジを。新しいおいしさに出合えます。

苦めのコーヒー味が
大人の味わい
コーヒーカラメルソース

作り方
左ページのカラメルソースと同じ手順で砂糖60gと水大さじ1を火にかけ、焦げ茶色になるまで煮詰める。木べらに伝わせながら熱湯40mlにインスタントコーヒー小さじ1を溶かしたものを加えて混ぜる。

フルーツの酸味で、
あと味すっきり
いちごのカラメルソース

作り方
いちご30gはハンドブレンダーなどでピュレ状にする。左ページのカラメルソースと同じ手順で砂糖60gと大大さじ1を火にかけ、焦げ茶色になるまで煮詰める。木べらに伝わせながら熱湯25mlを注ぎ、混ぜ合わせる。続いていちごピュレも加え、むらなく混ぜ合わせる。
＊冷凍のピュレでもOK。マンゴーやアプリコットなど、好みのフルーツピュレでアレンジを。

アルコール分はとんで、
オレンジの風味が残る
グランマルニエの
カラメルソース

作り方
左ページのカラメルソースと同じ手順で砂糖60gと水大さじ1を火にかけ、焦げ茶色になるまで煮詰める。木べらに伝わせながら熱湯20mlを注ぎ、混ぜ合わせる。グランマルニエ大さじ1を熱いうちに加えて全体にむらなく混ぜ合わせる。

ピリッと辛いこしょうが
アクセント
こしょうのカラメルソース

作り方
左ページのカラメルソースと同じ手順で砂糖60gと水大さじ1を火にかけ、焦げ茶色になるまで煮詰める。木べらに伝わせながら熱湯大さじ2を注ぎ、混ぜ合わせる。熱いうちに黒こしょう2〜3粒を粗挽きにして加え、香りを移す。

カラメルミルク
鍋にこびりついたカラメルソース。牛乳適量を注いで温めれば、カラメルミルクに。あと始末も簡単です。

卵黄と生クリームが決め手の濃厚なプリン。
クリームのような口溶けがクセになります。

とろとろなめらかプリン

材料（容量150mlのプリン型4個分）

カラメルソース
　砂糖…60g
　水…大さじ1
　熱湯…大さじ2

プリン液
　卵黄…3個分
　グラニュー糖…40g
　牛乳…200ml
　生クリーム…150ml
　バニラオイル…2〜3滴

作り方

1. カラメルソースを作る　p.14を参照して同様に作り、用意した型に等分に流す。
2. プリン液を作る　鍋に牛乳と生クリームを入れて火にかけ、50℃くらいまで温める。
3. ボウルに卵黄とグラニュー糖を入れ、空気を抱き込ませないように泡立て器ですり混ぜる（a）。
4. 3のボウルに2を少しずつ加えながら（b）混ぜる。バニラオイルをふる（c）。
5. こし器などでこして表面に浮かんだ白い泡をペーパータオルで取る。型に等分に生地を流し入れる。
6. 蒸す　蒸気の上がった蒸し器にペーパータオルを敷き、上にプリン型を並べる（d）。水滴が落ちないように布きんで包んだふたをし、最初の30秒は少し強火、その後ごく弱火にして約20分蒸す。粗熱を取って冷蔵庫で2時間以上冷やす。
7. 型からはずす　p.13を参照して同様に型からはずす。

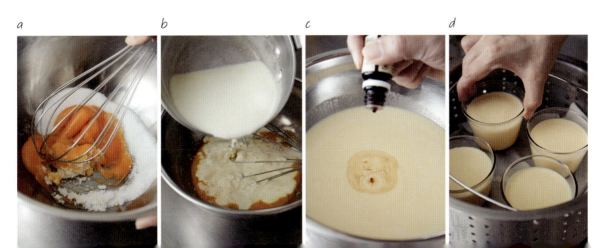

a　b　c　d

スプーンを入れた跡が残る、
少しかためのぷるんとした弾力のプリン。
しっかりした卵の風味とバニラの香りが、
ストレートに伝わります。

喫茶店風レトロプリン

材料（容量130mlのプリン型4個分）

カラメルソース
- 砂糖…60g
- 水…大さじ1
- 熱湯…大さじ2

プリン液
- 卵…2個
- 卵黄…1個分
- 牛乳…225ml
- グラニュー糖…45g
- バニラビーンズ…1/4本

下準備

- バニラビーンズは縦に切り目を入れて開き、種子を包丁でしごいて取り出す。

作り方

1. **カラメルソースを作る** p.14を参照して同様に作り、用意した型に等分に流す。

2. **プリン液を作る** 鍋に牛乳、グラニュー糖、バニラの種子を入れて火にかけ、50℃くらいまで温める。

3. ボウルに卵と卵黄を入れ、泡立て器で卵のコシを切るように溶きほぐす（a）。2を少しずつ加えながら混ぜる。

4. こし器などでこして（b）、表面に浮かんだ白い泡をペーパータオルで取る。型に等分に生地を流し入れる。

5. **蒸す** 蒸気の上がった蒸し器にペーパータオルを敷き、上にプリン型を並べる（c）。水滴が落ちないように布きんで包んだふたをし、最初の30秒は少し強火、その後ごく弱火にして約20分蒸す。粗熱を取って冷蔵庫で2時間以上冷やす。

6. **型からはずす** p.13を参照して同様に型からはずす。

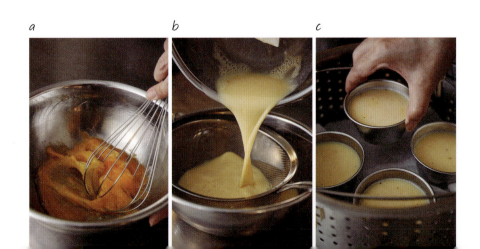

a b c

濃厚カスタードプリン液をアレンジ

食感が楽しいフローズンアイスプリン。表面をカラメリゼしてカリッと香ばしく。

カタラーナ風アイスプリン

材料（容量250mlのグラタン皿1枚分）

プリン液
- 卵…1個
- 卵黄…1個分
- 牛乳…100ml
- 生クリーム…25ml
- グラニュー糖…25g
- バニラビーンズ…1/8本

きび砂糖…適量

下準備
- バニラビーンズは縦に切り目を入れて開き、種子を包丁でしごいて取り出す。
- オーブンは150℃に予熱する。

作り方

1. **プリン液を作る** p.11を参照して同様に作る。こし器などでこしてグラタン皿に生地を流し入れる。

2. **焼く** 天板にペーパータオルを敷いたバットをのせて、皿を置く。熱湯を皿の底から1.5〜2cm高さまで注ぐ（a）。

3. 150℃のオーブンに入れ、約30分焼く。オーブンから出して粗熱を取り、冷凍庫で完全に凍らせる。

4. 食べるときに冷凍庫から出し、表面にきび砂糖をふって、バーナーで砂糖を焦がすように焼く（b）。

   ＊バーナーがなければ、オーブントースターの上火機能で焦がす、または魚焼きグリルの片面焼きで焦がすとよい。

a

b

喫茶店風
レトロプリンを
アレンジ

白いプレートにのせた今風プリン・ア・ラ・モード。ハレの日のデザートにも。

プリン・ア・ラ・モード

材料（容量120mlのプリン型4個分）

カラメルソース
　砂糖…60g
　水…大さじ1
　熱湯…大さじ2

プリン液
　卵…2個
　卵黄…1個分
　牛乳…225ml
　グラニュー糖…45g
　バニラビーンズ…1/4本
いちご、キウイ、さくらんぼ…各適量
ホイップクリーム（生クリーム100gに
　グラニュー糖8gを目安に加えて泡立てる）
　…適量
ミント（あれば）…適量

下準備
- バニラビーンズは縦に切り目を入れて開き、種子を包丁でしごいて取り出す。

作り方

1. p.18の「喫茶店風レトロプリン」の作り方を参照して同様に作る。
2. 型からはずす p.13を参照して同様に型からはずす。
3. 八分立てにしたホイップクリームを絞り出し袋に入れる。
4. 器の中央に2のプリンのみを移し（*a*）、フルーツ、ミントとホイップクリームでデコレーションする（*b*）。
　＊カラメルソースを控えめにすることが、美しさのポイント。

a

b

型のアレンジ1
大きな型で

一度は作ってみたい、大きなプリンは見た目のインパクトも大。
コンデンスミルク入りはしっかり焼けるので、型抜きも意外に簡単。

コンデンスミルクの
ベトナム風プリン

材料（直径15cmの丸型1台分）

コーヒーカラメルソース
　砂糖 … 100g
　水 … 25㎖
　熱湯 … 65㎖
　インスタントコーヒー … 小さじ2

プリン液
　卵 … 4個
　コンデンスミルク … 200g
　牛乳 … 250㎖

下準備
- 型の側面にバター（分量外）を薄く塗る。
- オーブンは150℃に予熱する。

作り方

1 **カラメルソースを作る** p.15のコーヒーカラメルソースと同じ手順で鍋に砂糖と水を入れて火にかけ、焦げ茶色になるまで煮詰める。木べらに伝わせながら、熱湯にインスタントコーヒーを溶かしたものを加えて混ぜる。用意した型に流す（*a*）。

2 **プリン液を作る** ボウルに卵を入れ、泡立て器で卵のコシを切るように溶きほぐす。

3 コンデンスミルクを加えて（*b*）よく混ぜ合わせ、牛乳を加えてさらに混ぜる。

4 こし器などでこして、表面に浮かんだ白い泡をペーパータオルで取る。型に生地を流し入れる（*c*）。

5 **焼く** 天板にペーパータオルを敷いたバットをのせる。型を置き、熱湯を型の底から1.5〜2cm高さまで注ぐ。150℃のオーブンに入れ、50〜55分焼く。

6 粗熱を取って冷蔵庫で2時間以上冷やす。

7 **型からはずす** p.13を参照して同様に型からはずす（*d*）。

＊ベトナム風プリンとは、コンデンスミルク入りの生地にコーヒーカラメルの組み合わせのプリンのこと。クラッシュアイスをのせて食べるのが、ベトナムスタイル。

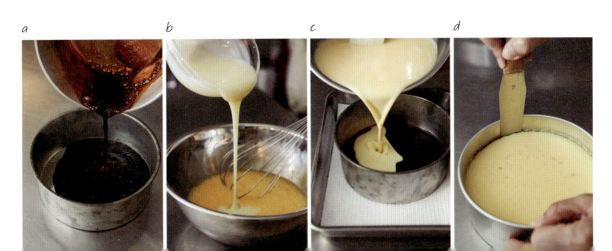

a　　　*b*　　　*c*　　　*d*

型のアレンジ2
プリン瓶で

とろとろの食感に、ウイスキーの芳醇な香りを添えた大人テイスト。
ウイスキー風味のなめらかプリン

材料（容量90mlのプリン瓶5個分）

カラメルソース
- 砂糖…60g
- 水…大さじ1
- 熱湯…大さじ2

プリン液
- 卵黄…3個分
- グラニュー糖…40g
- 牛乳…200ml
- 生クリーム…150ml
- ウイスキー…大さじ1

作り方

1. **カラメルソースを作る** p.14を参照して同様に作り、用意した瓶に等分に流す。
2. **プリン液を作る** p.17の「とろとろなめらかプリン」を参照して同様に作り、バニラオイルのかわりにウイスキーを加えて（a）混ぜる。こし器などでこして、表面に浮かんだ白い泡をペーパータオルで取る。瓶に生地を流し入れる。
3. **蒸す** 蒸気の上がった蒸し器にペーパータオルを敷き、上に瓶を並べる（b）。水滴が落ちないように布きんで包んだふたをし、最初の30秒は少し強火、その後ごく弱火にして約20分蒸す。粗熱を取って冷蔵庫で2時間以上冷やす。

a

b

型のアレンジ3
バットで

レトロプリンを薄く焼き、フルーツカラメルとベリー類を飾って華やかに。

フルーツカラメルプリン

材料
（19×15×高さ3cmのバット1台分）

いちごのカラメルソース
- 砂糖…60g
- 水…大さじ1
- 熱湯…25㎖
- いちご…30g

プリン液
- 卵…2個
- 卵黄…1個分
- 牛乳…225㎖
- グラニュー糖…45g
- バニラビーンズ…¼本

いちご、ラズベリー、ブルーベリー
　…各適量
ミント…適量

下準備
- バニラビーンズは縦に切り目を入れて開き、種子を包丁でしごいて取り出す。
- オーブンは150℃に予熱する。

作り方

1. **カラメルソースを作る**　p.15のいちごのカラメルソースを参照して同様に作り、粗熱を取る。
2. **プリン液を作る**　p.18の「喫茶店風レトロプリン」の作り方を参照して同様に作る（a）。型に生地を流し入れる（b）。
3. **焼く**　天板にペーパータオルを敷いたバットをのせる。型を置き、熱湯を型の底から2cm高さまで注ぐ。
4. 150℃のオーブンに入れ、約30分焼く。粗熱を取って、冷蔵庫で2時間以上冷やす。
5. 4にカラメルソースをかけ、ベリー類でデコレーションしてミントを飾る。

a

b

柳瀬さんの思い出プリン

小学生のころ、風邪をひいて寝込んでいるときに、母が作ってくれたママプリン。仕事で忙しかった母だからこその、特別感がある思い出の味です。カップから上手に抜くことができず、スプーンですくって食べていた記憶があります。全卵とバニラエッセンスで作るやさしい味わいのプリンを、当時のレシピで再現してみました。

懐かしいママプリン

材料（容量120mlのプリン型6個分）

カラメルソース
  砂糖…50g
  水…大さじ3
  熱湯…大さじ1 1/2

プリン液
  卵（Lサイズ）…3個
  砂糖…60g
  牛乳…400ml
  バニラエッセンス…少々

分量は母の愛用の料理本のままです。

作り方

1. カラメルソースを作る。鍋に水と砂糖を入れて中火にかけ、沸騰してきて縁が色づいてきたら弱火にして、鍋を傾けながら揺すって、均一の焦げ茶色になるまで焦がす。
2. 好みの色になったら火を止めて、木べらに伝わせながら熱湯を注ぎ、むらなく混ぜ合わせる。
3. 用意した型に等分に流す。
4. プリン液を作る。鍋に牛乳と砂糖を入れ、砂糖が溶ける程度に温める。
5. ボウルに卵を入れ、泡立て器で静かに混ぜ合わせ、4の牛乳を少しずつ加えて混ぜる。こし器を通してこし、バニラエッセンスをふる。
6. 型に等分に流し入れ、蒸気の上がった蒸し器に並べ、水滴がたれないように布きんでカバーしたふたをする。弱火で約20分蒸す。
7. 蒸し上がったら取り出し、粗熱を取って冷蔵庫で冷やす。

profile

柳瀬久美子（やなせ・くみこ）

料理・お菓子研究家。レストランや洋菓子店などでの修業を経て、渡仏。エコール・リッツ・エスコフィエでディプロマを取得。帰国後独立し、書籍や雑誌、企業のメニュー開発など幅広い分野で活躍中。自宅にて料理教室とお菓子教室を主宰。本格的な味わいで美しい料理やお菓子に定評がある。自身は「プリンには苦いぐらい濃いめのカラメルをたっぷり」が好み。『豆腐チーズケーキ』（文化出版局）、『ジェラート、アイスクリーム、シャーベット ライト＆リッチな45レシピ』（主婦の友社）など、著書多数。

Part2
フルーツ＆野菜の濃厚プリン

プリンはフルーツの酸味や甘み、野菜の自然なコクと仲良しです。フルーツプリンはフレッシュな状態がおいしいので、火を入れるより、ゼラチンで冷やし固めるバリエーションでご紹介。また、野菜はペースト状にして、火を入れるタイプのプリンがおすすめ。どちらもホイップクリーム、フルーツソースやメープルシロップなど、カラメル以外のデコレーションも似合います。

桃とあんずの香りのクリーミーなプリン。
ゼラチンで冷やし固めるだけでぷるんとした食感に。

桃の杏仁プリン

材料（容量150mlのプリン型4個分）

プリン液
　桃缶*1…大1缶(425g)
　杏仁パウダー*2…大さじ2
　グラニュー糖…30g
　牛乳…100ml
　生クリーム…50ml
　　粉ゼラチン…5g
　　水…大さじ2
セルフィーユ(あれば)…適量
*1 桃缶は白桃、黄桃どちらでもOK。
*2 あんずの種子を乾燥させ、粉末状にしたもの。

下準備
・粉ゼラチンは水にふり入れてふやかす。

作り方

1　<mark>プリン液を作る</mark> ミキサーに桃缶の果肉200g、缶汁100mlと、杏仁パウダーを入れて(*a*)攪拌する。残りの果肉と缶汁は飾り用に取っておく。

2　1を小鍋に移し、グラニュー糖を加えて火にかける。フツフツとしてきたら火を止め、ふやかしたゼラチンを加え(*b*)、ゆっくり混ぜて溶かす。

3　2をボウルに移し、牛乳、生クリームを加えて(*c*)混ぜる。ボウルの底を氷水に当てて冷やし、とろみをつける。

4　<mark>冷やし固める</mark> 水で濡らした型に等分に流し、冷蔵庫に2時間以上入れて冷やし固める。取っておいた桃の果肉を薄切りにして等分にのせ、残りの缶汁を等分にかける。セルフィーユを飾る。

a　　　　*b*　　　　*c*

みんなが好きないちごミルク味をプリンで再現。
食べるのが惜しいほど、見た目もキュート。

いちごミルクプリン

材料（容量120mlのプリン型4個分）

プリン液
- いちご*…200g
- グラニュー糖…40g
- コンデンスミルク…大さじ1½
- 牛乳…100ml
- 生クリーム…50ml
  - 粉ゼラチン…5g
  - 水…大さじ2

ホイップクリーム、いちご…各適量
*いちごは冷凍を解凍したものでもOK。

下準備
- 粉ゼラチンは水にふり入れてふやかす。

作り方

1. <mark>プリン液を作る</mark> いちごはヘタを取り、ミキサーにかけて攪拌する。またはジッパー付き保存袋に入れて上から手でジュース状になるまでつぶす。
2. 1を小鍋に移し、グラニュー糖を加えて火にかける。ひと煮立ちさせたら火を止め、ふやかしたゼラチンを加え（a）、ゆっくり混ぜて溶かす。
3. 2をボウルに移し、ボウルの底を氷水に当てて冷ます（b）。粗熱が取れたらコンデンスミルク、牛乳、生クリームを加え、さらに冷やしてとろみをつける。
4. <mark>冷やし固める</mark> 水で濡らした型に等分に流し、冷蔵庫に2時間以上入れて冷やし固める。
5. <mark>型からはずす</mark> 型を熱湯につけてさっと温め（c）、小さなへらを型と生地の間に差し込んで空気を入れ、上に皿を当てひっくり返す。八分立てにしたホイップクリーム、いちごを飾る。

a　　　　　b　　　　　c

真っ白プリンのベースはじゃがいも。メープルシロップとの相性も抜群。

メープルポテトプリン

材料(容量80mℓのゼリー型5個分)

プリン液
じゃがいも…1個(120g)
A ┌ 牛乳…200mℓ
  │ きび砂糖…30g
  │ メープルシロップ…大さじ1
  └ 生クリーム…50mℓ
水…大さじ2
粉ゼラチン…5g
メープルシロップ、
　エディブルフラワー(あれば)…各適量

下準備
・耐熱容器に水を入れ、粉ゼラチンをふり入れてふやかす。

作り方

1. プリン液を作る じゃがいもは皮をむいてラップに包み、電子レンジで1分30秒加熱し、裏返してさらに1分30秒加熱する。竹串がすっと通ったらOK。
2. ミキサーに1とAを入れてなめらかになるまで撹拌し、ボウルに移す。
3. ふやかしたゼラチンを電子レンジに30秒ほどかけてよく混ぜて溶かし、2に加える。ボウルの底を氷水に当てながらゆっくりと混ぜ、とろみをつける。
4. 冷やし固める 水で濡らした型に等分に流し、冷蔵庫に2時間以上入れて冷やし固める。
5. 型からはずす p.30を参照して同様に型からはずす。仕上げにメープルシロップをかけて、エディブルフラワーを飾る。

濃厚でなめらかな口当たり、アジアンテイストの人気プリン。
マンゴープリン

材料（容量80mlのゼリー型5個分）
プリン液
マンゴー*（完熟）…大1個（正味200g）
水…130ml
グラニュー糖…40g
コンデンスミルク…大さじ1
生クリーム…50ml
粉ゼラチン…5g
水…大さじ2
コンデンスミルク、ミント（あれば）…各適量
*マンゴーは冷凍を解凍したものでもOK。

下準備
- 粉ゼラチンは水にふり入れてふやかす。

作り方
1. **プリン液を作る** ミキサーにマンゴーと水を入れて攪拌し、ピュレ状にする。
2. 1を小鍋に移し、グラニュー糖を加えて火にかける。フツフツとしてきたら火を止め、ふやかしたゼラチンを加え、ゆっくり混ぜて溶かす。
3. 2をボウルに移し、ボウルの底を氷水に当てて冷ます。粗熱が取れたらコンデンスミルク、生クリームを加え、さらに冷やしてとろみをつける。
4. **冷やし固める** 水で濡らした型に等分に流し、冷蔵庫に2時間以上入れて冷やし固める。
5. **型からはずす** p.30を参照して同様に型からはずす。仕上げにコンデンスミルクをかけて、ミントを飾る。

パイナップルをくず粉で固めたモチモチ、プルプルの新食感。
グラスにホイップクリームと交互に絞り出して、デザートプリンに。

パイナップリン

材料（容量150mlのグラス4個分）

プリン液
　パイナップル（完熟）
　　…1/4個（小さめなら1/2個）
　A ┌ くず粉…20g
　　│ グラニュー糖50g
　　└ ココナッツミルク（缶詰）…200g
　│生クリーム…100ml
　│グラニュー糖、ラム酒…各小さじ1
ココナッツロング…適量

くず粉
植物のクズの根のデンプンを精製して乾燥させたもの。火にかけて練ると弾力が出る。主に和菓子に使用。

下準備
- ココナッツロングはフライパンできつね色になるまで煎って、冷ます。

作り方

1. **プリン液を作る** パイナップルは皮と芯を除いてひと口大に切る。フードプロセッサーにかけてペースト状にし、ざるでこして（*a*）200ml分を計量する。
2. 鍋に1とAを入れて、泡立て器でダマがなくなるまで混ぜる。
3. 2を中火にかけて、絶えず混ぜながら煮立ったら焦がさないよう弱火にして、透明で弾力が出るまで5分ほどゴムべらでよく練る（*b*）。ボウルに移し、ボウルの底を氷水に当てて冷ます。
4. 別のボウルに生クリームとグラニュー糖、ラム酒を入れ、ボウルの底を氷水に当てて、七分立てのホイップクリームを作る。
5. **器に盛る** 3、4をそれぞれ絞り出し袋に入れ、グラスに交互に絞り出す。上にココナッツロングを飾る。
　＊たんぱく質分解酵素があるパイナップルは、ゼラチンでは固まりにくいので、くず粉で固める。

a　　*b*

オレンジ&にんじんジュースにクリームチーズ。
意外な組み合わせですが、卵の風味と絶妙なハーモニーに。

オレンジ&にんじんの
チーズ風味プリン

材料（容量130mlのプリン型4個分）

カラメルソース
- グラニュー糖…50g
- 水…大さじ½
- 熱湯…大さじ3

プリン液
- 卵…3個
- クリームチーズ…100g
- きび砂糖…50g
- オレンジジュース（果汁100％）…100ml
- にんじんジュース（100％）…100ml

スライスアーモンド…適量

下準備
- 型の側面にバター（分量外）を薄く塗る。
- クリームチーズは室温にもどす。
- スライスアーモンドはフライパンできつね色になるまで煎って、冷ます。

作り方

1. **カラメルソースを作る** 鍋にグラニュー糖、水を入れて強火にかける。縁が色づいてきたら弱火にして、鍋を傾けながら均一の焦げ茶色になるまで焦がす。

2. 火を止めて身体をなるべく離して熱湯を加え、鍋を揺すって均一な色にする。

3. 沸騰がおさまったら準備した型に等分に流す。型の底を氷水に当てて冷ます。

4. **プリン液を作る** 3の鍋にジュース2種を入れて（a）火にかけ、鍋についたカラメルが溶けたら火を止めて冷ます。

5. ボウルにクリームチーズときび砂糖を入れ、泡立て器でクリーム状に練り混ぜる。溶きほぐした卵を少しずつ加えてそのつど混ぜ、なめらかになったら4を少しずつ加えて混ぜる（b）。

6. ざるやこし器でこしてなめらかにし、3のプリン型に静かに注ぐ。

7. **蒸す** 蒸気の上がった蒸し器（セイロ）に型を並べ入れ（c）、弱火で約40分蒸す。プリンの表面が固まったら火を止める。蒸し器から取り出して粗熱を取り、冷蔵庫で3時間以上冷やす。

8. **型からはずす** 小さなへらを型と生地の間に差し込んで空気を入れる。上に皿を当ててひっくり返し、皿と型をしっかり持ってふり、型からはずす。上にアーモンドを散らす。

a　　　　b　　　　c

かぼちゃのコクと自然な甘みが口の中に広がる、風味豊かな野菜プリン。

かぼちゃの豆乳プリン

材料（容量130mlのプリン型4個分）

カラメルソース
　グラニュー糖…50g
　水…大さじ½
　熱湯…大さじ3

プリン液
　卵…2個
　卵黄…1個分
　豆乳（無調整）…200ml
　生クリーム…100ml
　かぼちゃ（皮、わた、種を除いた正味）
　　…150g
　きび砂糖…70g
ホイップクリーム、ラムレーズン…各適量

下準備
- 型の側面にバター（分量外）を薄く塗る。

作り方

1　カラメルソースを作る　p.36を参照して同様に作り、型に等分に流し、型の底を氷水に当てて冷ます。

2　プリン液を作る　かぼちゃはひと口大に切り、ラップに包んで電子レンジで3分30秒加熱する。やわらかくなって竹串がすっと通ればOK。

3　カラメルの鍋に豆乳を入れて火にかけ、鍋についたカラメルが溶けたら火を止めて冷ます。

4　ボウルに2のかぼちゃをこし器を通して入れ、きび砂糖を加えて泡立て器で練り混ぜる。卵と卵黄を合わせた溶き卵を少しずつ加えてそのつど混ぜ、なめらかになったら3、生クリームを少しずつ加えて混ぜる。

5　ざるやこし器でこしてなめらかにし、1のプリン型に静かに注ぐ。

6　蒸す　蒸気の上がった蒸し器（セイロ）に型を並べ入れ、弱火で約40分蒸す。プリンの表面が固まったら火を止める。蒸し器から取り出して粗熱を取り、冷蔵庫で3時間以上冷やす。

7　型からはずす　p.36を参照して同様に型からはずす。上にラムレーズンをのせ、七〜八分立てにしたホイップクリームを添える。

缶詰のマロンペーストを使った秋の風情のまったりプリン。カラメルソースと最高の相性。

マロンプリン

材料（容量120mlのプリン型5個分）

カラメルソース
グラニュー糖…50g
水…大さじ1/2
熱湯…大さじ3

プリン液
卵…2個
卵黄…1個分
牛乳…200ml
生クリーム…50ml
マロンペースト（缶詰）…120g
きび砂糖…30g
シナモンパウダー（あれば）…小さじ1

ホイップクリーム、シナモンパウダー
　…各適量

マロンペースト
蒸した栗をつぶして、砂糖やバニラで味を調えたペースト。缶詰で市販されている。

下準備
- 型の側面にバター（分量外）を薄く塗る。
- マロンペーストは電子レンジで10秒加熱してやわらかくする。

作り方

1. **カラメルソースを作る** p.36を参照して同様に作り、型に等分に流し、型の底を氷水に当てて冷ます。

2. **プリン液を作る** カラメルの鍋に牛乳を入れて火にかけ、鍋についたカラメルが溶けたら火を止めて冷ます。

3. ボウルにマロンペースト、きび砂糖、シナモンパウダーを入れ、泡立て器で練り混ぜる。卵と卵黄を合わせた溶き卵を少しずつ加えてそのつど混ぜ、なめらかになったら2、生クリームも少しずつ加えて混ぜる。

4. ざるやこし器でこしてなめらかにし、1のプリン型に静かに注ぐ。

5. **蒸す** 蒸気の上がった蒸し器（セイロ）に型を並べ入れ、弱火で約40分蒸す。プリンの表面が固まったら火を止める。蒸し器から取り出して粗熱を取り、冷蔵庫で3時間以上冷やす。

6. **型からはずす** p.36を参照して同様に型からはずす。上に七〜八分立てにしたホイップクリームをのせ、シナモンパウダーをふる。

さつまいも1本でできる、スイートポテトのプリン版。
ビターなカラメルと食べると、クセになるおいしさです。

さつまいもプリン

材料（容量130mlのプリン型4個分）

カラメルソース
　グラニュー糖…50g
　水…大さじ½
　熱湯…大さじ3

プリン液
　卵…2個
　卵黄…1個分
　牛乳…200ml
　生クリーム…100ml
　さつまいも…200g
　きび砂糖…80g
ホイップクリーム、
　エディブルフラワー（あれば）…各適量

下準備
・型の側面にバター（分量外）を薄く塗る。

作り方

1 **カラメルソースを作る** p.36を参照して同様に作り、型に等分に流し、型の底を氷水に当てて冷ます。

2 **プリン液を作る** さつまいもは皮をむいて2cm厚さに切り、水に1分ほどさらす。水気をきって鍋に入れ、たっぷりの水を注いでゆでる。竹串がすっと通る（a）やわらかさになればOK。

3 カラメルの鍋に牛乳を入れて火にかけ、鍋についたカラメルが溶けたら火を止めて冷ます。

4 ボウルに2のさつまいもをこし器を通して（b）入れ、きび砂糖を加えてゴムべらで練り混ぜる（c）。卵と卵黄を合わせた溶き卵を少しずつ加えてそのつど混ぜ、なめらかになったら3、生クリームを少しずつ加えて混ぜる。

5 ざるやこし器でこしてなめらかにし、1のプリン型に静かに注ぐ。

6 **蒸す** 蒸気の上がった蒸し器（セイロ）に型を並べ入れ、弱火で約40分蒸す。プリンの表面が固まったら火を止める。蒸し器から取り出して粗熱を取り、冷蔵庫で3時間以上冷やす。

7 **型からはずす** p.36を参照して同様に型からはずす。七〜八分立てにしたホイップクリームを添え、エディブルフラワーを飾る。

a　b　c

甘いはちみつとレモンの酸味は、間違いのない組み合わせ。
絶妙なバランスで、さわやかミントを添えました。

ミント風味の
はちみつレモンプリン

材料（容量130mlのプリン型*4個分）

プリン液
- ミント…ふたつかみ
- 熱湯…100ml
- 粉ゼラチン…5g
- グラニュー糖…20g
- はちみつ…大さじ1
- 牛乳…150ml
- 生クリーム…70ml
- レモン汁…小さじ1
- レモンの皮のすりおろし…少々

はちみつシロップ
- はちみつ…大さじ1
- レモン汁…小さじ1
- レモンの皮のすりおろし…少々

ミント…適量

*このプリンの型は、酸に強いステンレスか耐熱ガラス製のものを。

作り方

1. <mark>プリン液を作る</mark> ミントはざく切りにしてカップに入れる。熱湯を注ぎ、ふたをして（a）冷めるまで蒸らす。
2. 小鍋に1を茶こしを通して移し、最後にミントをぎゅっと絞る。
3. 2を火にかける。沸騰直前に火を止めて粉ゼラチンをふり入れ（b）、よく混ぜて溶かす。グラニュー糖、はちみつも加えて混ぜる。
4. 3をボウルに移し、牛乳、生クリームを加える。ボウルの底を氷水に当てて冷まし、レモン汁、レモンの皮のすりおろしを加え（c）、さらに冷やしてとろみをつける。
5. <mark>冷やし固める</mark> 水で濡らした型に4を流し、冷蔵庫に2時間以上入れて冷やし固める。
6. <mark>型からはずす</mark> p.30を参照して同様に型からはずす。はちみつシロップの材料をよく混ぜ合わせ、仕上げにかけて、ミントを飾る。

a　　　　　b　　　　　c

星谷さんのもてなしプリン

私のお菓子教室でも、プリンは人気のレッスン。きりのいい配合の全卵と牛乳のプリン液を弱火でじっくり蒸します。素直なおいしさのプリンは、毎日食べても飽きない味と好評です。型から抜いた仕上がりの美しさまでがプリンの醍醐味。おもてなしに焼きメレンゲを添えてもいいですね。

全卵だけのオーソドックスプリン

材料（容量120mlのプリン型5個分）

カラメルソース
- グラニュー糖…50g
- 水…大さじ1/2
- 熱湯…大さじ3

プリン液
- 卵…3個
- 牛乳…300ml
- グラニュー糖…60g
- バニラビーンズ…2cm長さ

下準備
- 型の側面にバター（分量外）を薄く塗る。
- バニラビーンズは縦に切り目を入れて開き、種子を包丁でしごいて取り出す。

作り方

1. カラメルソースを作る。p.36を参照して同様に作り、型に等分に流し、型の底を氷水に当てて冷ます。
2. プリン液を作る。カラメルの鍋に牛乳、バニラのさやと種子を入れて火にかけ、鍋についたカラメルが溶けたら火を止めて冷ます。
3. ボウルに卵を割り入れて泡立て器で混ぜ、グラニュー糖も加えてすり混ぜる。2を少しずつ加えながら静かに混ぜる。
4. ざるやこし器でこしてなめらかにし、1の型に静かに注ぐ。
5. 蒸気の上がった蒸し器（セイロ）に型を並べ入れ、弱火で約40分蒸す。プリンの表面が固まっていたら火を止める。蒸し器から取り出して粗熱を取り、冷蔵庫で3時間以上冷やす。
6. p.36を参照して同様に型からはずす。

profile

星谷菜々（ほしや・なな）

料理家。JSA認定ワインエキスパート。大学卒業後、料理家のアシスタントを経て独立。主に女性誌を中心に家庭料理やお菓子を提案。料理教室「apron room」主宰。毎日作りたくなるようなシンプルでやさしい味のレシピや、物語性のあるスタイリングで展開するお菓子レシピが人気。「弱火でじっくりと、蒸し器で加熱するプリンが私の定番」。著書に『BAKE 焼き菓子の基本』（成美堂出版）、『フルーツスイーツダイアリー』（グラフィック社）など。

Part3
フレーバー濃厚プリン

チョコレートやチーズ、お茶やスパイスなど、いつもの味に別の風味や香りを足して、コクをつけるのが、フレーバープリンの醍醐味です。スプーンを入れると口の中に広がる、香り豊かなフレーバー。ごまや抹茶など和テイストのプリンも紹介します。プレミアムなおいしさをぜひお試しください。

なめらかな口当たりと濃厚な味わいのプリン。
チーズケーキのようなコクと酸味の余韻が広がります。

クリームチーズプリン

材料（容量150mlのプリン型4個分）

カラメルソース
　きび砂糖…40g
　水…大さじ1
　熱湯…大さじ1½

プリン液
　卵…2個
　卵黄…1個分
　牛乳…200ml
　クリームチーズ…100g
　きび砂糖…40g

下準備
- 耐熱容器にクリームチーズを入れ、電子レンジで20〜30秒加熱する。
- オーブンは150℃に予熱する。

作り方

1. **カラメルソースを作る** 小鍋にきび砂糖と水を入れて、ゴムべらで混ぜる。火にかけて鍋を揺すりながら加熱する。しっかりと焦げ茶色に色づいたら火を止め、熱湯を加えて混ぜる。砂糖の塊が残ったら、再び弱めの中火にかけて混ぜながら溶かす。
2. 型に等分に流し、粗熱が取れたら冷蔵庫で冷やし固める。
3. **プリン液を作る** ボウルにクリームチーズを入れ、泡立て器でなめらかになるまで混ぜる。きび砂糖、溶きほぐした卵と卵黄を順に加え、そのつどなめらかになるまで混ぜる。
4. 鍋に牛乳を入れて火にかけ、縁に小さな気泡が出る（約60℃）まで温める。
5. 3に4を少しずつ加えて混ぜ合わせ、ボウルにざるやこし器を通して入れる（*a*）。チーズのとろみが強いので、少し目の粗いこし器を使うこと。
6. **焼く** 天板にバットをのせ、2の型を並べて5のプリン液を等分に流す（*b*）。型の半分の高さまで熱湯を注ぎ、アルミホイルで表面をカバーする。
7. 150℃のオーブンに入れ、約30分焼く。型を揺らして表面の生地がほとんど揺れなくなったら火を止める。そのまま10分オーブンの中に置き、余熱でしっかり固める。
8. オーブンから取り出して粗熱を取り、冷蔵庫に入れて半日ほど冷やす。
9. **型からはずす** 型の内側にナイフを1周入れる（*c*）。型の上に皿をかぶせ、両手で押さえてひっくり返し、2〜3回ふって型からはずす。

a

b

c

チョコレートのコクと苦みを生かした、
チョコ好きにはたまらない、濃厚なめらかプリン。

チョコレートプリン

材料（容量150mlのプリン型4個分）

カラメルソース
　きび砂糖…40g
　水…大さじ1
　熱湯…大さじ1 1/2

プリン液
　卵…2個
　卵黄…1個分
　牛乳…210ml
　製菓用チョコレート（ビター）…90g
　きび砂糖…30g
ホイップクリーム（無糖）…適量

下準備
・オーブンは150℃に予熱する。

作り方

1. <mark>カラメルソースを作る</mark> p.46を参照して同様に作り、型に等分に流し、粗熱が取れたら冷蔵庫で冷やし固める。

2. <mark>プリン液を作る</mark> ボウルに卵、卵黄を入れて溶きほぐし、きび砂糖を加えて泡立て器で静かにすり混ぜる。

3. 鍋に牛乳とチョコレートを入れて弱火にかけ、ゴムべらでときどき混ぜながら（*a*）ゆっくりとチョコレートを溶かす。縁に小さな気泡が出る（約60℃）まで温める。

4. 2に3を少しずつ加えて（*b*）、泡立て器で混ぜ合わせる。ボウルにざるやこし器を通して入れる。チョコレートのとろみが強いので、少し目の粗いこし器を使うこと。

5. <mark>焼く</mark> p.46を参照して同様に150℃のオーブンに入れ、約30分焼く。そのまま10分オーブンの中に置き、余熱でしっかり固める。オーブンから取り出して粗熱を取り、冷蔵庫に入れて半日ほど冷やす。

6. <mark>型からはずす</mark> p.46を参照して同様に型からはずす。好みでホイップクリームを添える。

a　*b*

黒糖の豊かな風味があとを引くおいしさ。身近な材料でリッチな味わいに。

黒糖プリン

材料（容量150mlのプリン型4個分）

カラメルソース
　きび砂糖…40g
　水…大さじ1
　熱湯…大さじ1½

プリン液
　卵…2個
　卵黄…1個分
　黒砂糖（粉末）…45g
　牛乳…300ml

下準備
- オーブンは150℃に予熱する。

作り方

1. カラメルソースを作る　p.46を参照して同様に作り、型に等分に流し、粗熱が取れたら冷蔵庫で冷やし固める。
2. プリン液を作る　ボウルに卵、卵黄を入れて溶きほぐし、黒砂糖を加えて泡立て器で静かにすり混ぜる。
3. 鍋に牛乳を入れて火にかけ、縁に小さな気泡が出る（約60℃）まで温める。
4. 2に3を少しずつ加えて混ぜ合わせる。計量カップなどにざるやこし器を通して入れ、表面の泡をスプーンで取り除く。
5. 焼く　p.46を参照して同様に150℃のオーブンに入れ、約30分焼く。そのまま10分オーブンの中に置き、余熱でしっかり固める。オーブンから取り出して粗熱を取り、冷蔵庫に入れて半日ほど冷やす。
6. 型からはずす　p.46を参照して同様に型からはずす。

マイルドなメープルシロップをプリン液とソースにも。くるみがアクセント。

メープルくるみプリン

材料（容量150mlのプリン型4個分）

プリン液
　卵…2個
　卵黄…1個分
　牛乳…250ml
　メープルシロップ…50g

ソース
　メープルシロップ…40g
　くるみ…10g

下準備

- くるみは160℃のオーブンで約10分ローストし、細かく刻む。
- オーブンは150℃に予熱する。

作り方

1. **プリン液を作る** ボウルに卵、卵黄を入れて溶きほぐし、泡立て器で静かにすり混ぜる。
2. 鍋に牛乳とメープルシロップを入れて火にかけ、縁に小さな気泡が出る（約60℃）まで温める。
3. 1に2を少しずつ加えて混ぜ合わせる。計量カップなどにざるやこし器を通して入れ、表面の泡をスプーンで取り除く。
4. **焼く** p.46を参照して同様に150℃のオーブンに入れ、約30分焼く。そのまま10分オーブンの中に置き、余熱でしっかり固める。オーブンから取り出して粗熱を取り、冷蔵庫に入れて半日ほど冷やす。
5. **型からはずす** p.46を参照して同様に型からはずす。メープルシロップをかけて刻んだくるみを散らす。

抹茶の苦みを生かした甘さ控えめの和風プリン。
あんことホイップクリームの甘みがよく合います。

抹茶プリン

材料（生地量約130ml×4個分）

プリン液
- 牛乳…380ml
- 生クリーム…50ml
- きび砂糖…20g
- 抹茶…9g
  - 粉ゼラチン…5g
  - 水…大さじ2
- 粒あん…150g
- ホイップクリーム(無糖)…適量

下準備
- 粉ゼラチンは水にふり入れてふやかす。

作り方

1. <mark>プリン液を作る</mark> 鍋に抹茶ときび砂糖を入れてゴムべらでよく混ぜる。牛乳の半量を加えて火にかけ、砂糖が溶けたら火を止めて、ふやかしたゼラチンを加えて混ぜる（*a*）。
2. ゼラチンが溶けたら残りの牛乳と生クリームを加え、ゴムべらでよく混ぜる。鍋底を氷水に当てて、ゴムべらで混ぜながらとろみがつくまで冷ます（*b*）。
3. <mark>冷やし固める</mark> 器に等分に流し（*c*）、冷蔵庫で2時間以上冷やし固める。しっかり固まったら、粒あんとホイップクリームを添える。

a　*b*　*c*

生地にもカラメルソースを混ぜたから、ダブルカラメル。
シックな色合いとビターテイストが大人の味わい。

ダブルカラメルプリン

材料（容量150mlのプリン型4個分）

カラメルソース
　きび砂糖…80g
　水…25ml
　熱湯…40ml

プリン液
　卵…2個
　卵黄…1個分
　牛乳…280ml

下準備
- オーブンは150℃に予熱する。

作り方

1. カラメルソースを作る　p.46を参照して同様に作る。カラメルの半量を型に等分に流し、粗熱が取れたら冷蔵庫で冷やし固める。
2. プリン液を作る　ボウルに卵、卵黄を入れて溶きほぐす。
3. 1のカラメルソースを半量残した鍋に牛乳を入れて（a）火にかけ、縁に小さな気泡が出る（約60℃）まで温める（b）。
4. 2に3を少しずつ加えて混ぜ合わせる（c）。計量カップなどにざるやこし器を通して入れ、表面の泡をスプーンで取り除く。
5. 焼く　p.46を参照して同様に150℃のオーブンに入れ、約30分焼く。そのまま10分オーブンの中に置き、余熱でしっかり固める。オーブンから取り出して粗熱を取り、冷蔵庫に入れて半日ほど冷やす。
6. 型からはずす　p.46を参照して同様に型からはずす。

きな粉の香ばしい香りのプリンに、ホワイトチョコソースが新鮮。

きな粉プリン

材料（生地量約160ml×4個分）

プリン液
- 牛乳…380ml
- 生クリーム…50ml
- きび砂糖…20g
- きな粉…27g
  - 粉ゼラチン…5g
  - 水…大さじ2

ホワイトチョコソース
- ホワイトチョコレート…60g
- 牛乳…40ml

下準備
- 粉ゼラチンは水にふり入れてふやかす。

作り方

1. **プリン液を作る** 鍋にきな粉ときび砂糖を入れてゴムべらでよく混ぜる。牛乳の半量を加えて火にかけ、砂糖が溶けたら火を止めて、ふやかしたゼラチンを加えて混ぜる。
2. ゼラチンが溶けたら残りの牛乳と生クリームを加え、ゴムべらでよく混ぜる。鍋底を氷水に当てて、ゴムべらで混ぜながらとろみがつくまで冷ます。
3. **冷やし固める** 器に等分に流し、冷蔵庫で2時間以上冷やし固める。小鍋にホワイトチョコソースの材料を合わせて弱火にかけ、ゴムべらで混ぜながらチョコレートを溶かす。冷めたら、固まったプリンにかける。

ごまの風味となめらかな口当たりが人気のプリン。ミルキーなソースを添えて。

黒ごまプリン

材料（生地量約160mℓ×4個分）

プリン液
- 牛乳…380mℓ
- 生クリーム…50mℓ
- きび砂糖…20g
- 黒練りごま…45g
  - 粉ゼラチン…5g
  - 水…大さじ2

ミルクソース
- コンデンスミルク…50g
- 牛乳…50mℓ

下準備
- 粉ゼラチンは水にふり入れてふやかす。

作り方

1. **プリン液を作る** 鍋に牛乳の半量ときび砂糖を入れて火にかけ、砂糖が溶けたら火を止めて、ふやかしたゼラチンを加えて混ぜる。
2. ゼラチンが溶けたら残りの牛乳と生クリーム、練りごまを加え、泡立て器でよく混ぜる。鍋底を氷水に当てて、ゴムべらで混ぜながらとろみがつくまで冷ます。
3. **冷やし固める** 器に等分に流し、冷蔵庫で2時間以上冷やし固める。ミルクソースの材料を混ぜ合わせ、固まったプリンにかける。

スパイスが香るミルクティーをプリンに閉じ込めました。
紅茶は少量の熱湯で濃いめに抽出してください。

チャイプリン

材料（容量150mℓのプリン型4個分）

カラメルソース
　きび砂糖… 40g
　水… 大さじ1
　熱湯… 大さじ1½

プリン液
　卵… 2個
　卵黄… 1個分
　牛乳… 300mℓ
　きび砂糖… 40g
　A ┌ 水… 大さじ3
　　│ 紅茶の葉（アッサム）… 10g
　　│ チャイ用ミックススパイス*
　　└ 　… 1g（小さじ½）

*なければシナモン、クローブ、カルダモン、ジンジャーなどのスパイスを同量で。

下準備
・オーブンは150℃に予熱する。

作り方

1 カラメルソースを作る　p.46を参照して同様に作り、型に等分に流し、粗熱が取れたら冷蔵庫で冷やし固める。

2 プリン液を作る　ボウルに卵、卵黄を入れて溶きほぐし、きび砂糖を加えて泡立て器で静かにすり混ぜる。

3 鍋にAの水を入れて火にかける。沸騰したら紅茶の葉とスパイスを加えて火を止めてふたをし（a）、5分ほど蒸らす。牛乳を加えて弱めの中火で煮出し、縁に小さな気泡が出る（約60℃）まで温める（b）。

4 2に3を少しずつ加えて混ぜ合わせる。計量カップなどにざるやこし器を通して入れ、表面の泡をスプーンで取り除く（c）。

5 焼く　p.46を参照して同様に150℃のオーブンに入れ、約30分焼く。そのまま10分オーブンの中に置き、余熱でしっかり固める。オーブンから取り出して粗熱を取り、冷蔵庫に入れて半日ほど冷やす。

6 型からはずす　p.46を参照して同様に型からはずす。

a　b　c

高吉さんの思い出プリン

ほうじ茶の味が好きで、クッキーなどの焼き菓子にアレンジしていたころ、お菓子教室のメニューで紹介したのがこのプリンの始まり。普通より濃いめに抽出したほうじ茶をゼラチンで固め、大きく作って取り分けスタイルで。砂糖を控えめにした分、黒糖シロップがマッチする和のプリンです。

ほうじ茶プリン

材料（容量630mlの器1個分）

プリン液
- 牛乳 … 380ml
- 生クリーム … 50ml
- きび砂糖 … 20g
- ほうじ茶 … 10g
- 水 … 大さじ3
  - 粉ゼラチン … 5g
  - 水 … 大さじ2

黒糖シロップ
- 黒砂糖（粉末タイプ）… 45g
- 水 … 大さじ3

下準備
- 粉ゼラチンは水にふり入れてふやかす。

作り方

1. プリン液を作る。鍋に分量の水を沸騰させ、ほうじ茶を加えて火を止めてふたをし、5分ほど蒸らす。牛乳、生クリーム、きび砂糖を加え、弱めの中火でほうじ茶を煮出す。
2. 軽く沸騰したら火を止めて、ふやかしたゼラチンを加え、ゴムべらで混ぜながら余熱で溶かす。
3. ゼラチンが溶けたら、ざるやこし器を通してボウルに入れる。ボウルの底を氷水に当てて、ゴムべらで混ぜながらとろみがつくまで冷ます。
4. 器に流し入れ、冷蔵庫で3時間以上冷やし固める。
5. 黒糖シロップを作る。小鍋に黒砂糖と水を混ぜ合わせて火にかけ、煮溶かして冷ます。4のプリンに好みの量かける。

---

profile

高吉洋江（たかよし・ひろえ）

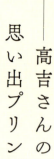

菓子研究家。大学卒業後に渡仏、ル・コルドン・ブルーパリ校でお菓子作りを学ぶ。同校でのアシスタント、ホテルなどでの研修を経て帰国。「アフタヌーンティー・ティールーム」のテイクアウト商品の開発に携わる。現在は自宅にてお菓子教室『tiroir（ティロワール）』を主宰。ていねいな指導と誠実で温かな人柄にファンも多い。「チョコとチーズのプリンはうちの子どもたちにも好評です」。著書に『お菓子教室 tiroir 最愛の焼き菓子』（家の光協会）など。

Part4

プリンの仲間の
バリエーション

濃厚な生地の表面をジュッと焦がした
クレームブリュレ、パンに生地をかけて
焼くパンプディング。パイ生地にプリン
液を流し込んで焼くフランや、フルーツ
と焼くクラフティなどが代表的なプリン
の仲間。どれもおいしさの余韻が残る、
伝統的なフランスのお菓子。おやつや
食後のデザートにもおすすめです。

パリッと焦がした砂糖の下には、卵黄と生クリームのとろり濃厚な生地。
生地に移したローズマリーの清々しい香りがアクセント。

ローズマリー風味の
クレームブリュレ

材料（容量120mlのグラタン皿5個分）

生クリーム（乳脂肪分45％）…225ml
牛乳…75ml
卵黄…3個分
グラニュー糖…45g
ローズマリー（フレッシュ）…3枝
カソナード*（またはきび砂糖）…適量
＊さとうきびが原料。精製されていないフランス産のブラウンシュガー。

下準備

- オーブンは120℃に予熱する。

作り方

1. 鍋に生クリーム、牛乳、ローズマリーを入れ（a）、沸騰直前まで温める。
2. ボウルに卵黄とグラニュー糖を入れ、泡立て器ですり混ぜ、1を加えて混ぜる。生地に香りを移し、気泡を落ち着かせるために30分ほど生地を休ませる。
3. 2をざるやこし器でこして、グラタン皿に均等に流し入れる。
4. 天板にバットをのせ、3の皿を並べて皿の半分の高さまで熱湯を注ぎ、アルミホイルで表面をカバーする（b）。
5. 120℃のオーブンに入れ、約40分焼く。皿を揺らし、表面全体が動くようになったら火が入っている。
6. オーブンから取り出して粗熱を取り、冷蔵庫で2時間以上冷やす。
7. 食べるときにカソナードを表面に均等にふり、あればバーナーでジュッと焦がす（c）。なければスプーンを直火で十分に熱してカソナードに軽く押しつけて焦がす。煙が出なくなったらスプーンを洗い、再び熱して焼くを繰り返す。皿、プリン生地ともに熱くなるので冷蔵庫に入れ、冷やしてから食べる。焦がしたカラメルがパリパリとなればOK。
＊スプーンは使わなくなったもので、以後はブリュレ専用に。作業の際はやけどしないように気をつけて。

a　　　　　b　　　　　c

フランスでおなじみのフランはサクサクのパイ生地に、
まろやかなカスタードクリームの組み合わせが好相性。

チーズフラン

材料（直径15cmの底取れ丸型1台分）
冷凍パイシート（19cm角）… 1$\frac{1}{2}$枚
カスタードクリーム
　牛乳 … 450㎖
　卵 … 3個
　グラニュー糖 … 160g
　強力粉 … 30g
　コーンスターチ … 10g
　粉チーズ* … 45g
＊パルミジャーノ レッジャーノやグリュイエール
などクセや香りが強くないチーズを。

下準備
● オーブンは190℃に予熱する。

作り方

1　型にパイシートを貼りつける。側面の足りない分は½枚を継ぎ足す（a）。フォークなどで空気穴をあけ、冷蔵庫で30分ほど生地を休ませる。

2　パイを空焼きする。パイにオーブンシートを敷き、重石をのせて190℃のオーブンで約30分焼く。重石を取り除いてさらに約15分、きつね色になるまで焼く（b）。

3　カスタードクリームを作る。ボウルに卵とグラニュー糖を入れ、泡立て器ですり混ぜ、強力粉、コーンスターチを加え、ダマが残らないようによく混ぜる。

4　鍋に牛乳を入れて沸騰直前まで温め、3に加えてよく溶かし混ぜる。

5　4を鍋に戻し、強火にかける。絶えず混ぜながら火を通し、途中粘りが出て生地が重くなるが、さらに加熱を続けると生地の粘りが軽くなって、鍋底から生地がはがれる（c）タイミングで火から下ろす。粉チーズを加えて混ぜ合わせる。

6　2のパイにできたてのカスタードクリームを流し入れ、表面を平らにし、粉チーズ（分量外）をふりかける（d）。

7　190℃のオーブンに入れ、表面が少し焦げる程度まで、約30分焼く。粗熱が取れたら型からはずす。
　＊そのまま食べても、冷やしても、どちらでもおいしい。冷やすと弾力のある少しもっちりした食感に。

a　　　　　b　　　　　c　　　　　d

甘みのある卵風味のブリオッシュを使って、リッチに。
あんずを挟んで、大きくローフ型に焼くと見た目も華やか。

あんずの ブリオッシュプディング

材料（11×21×高さ7cmのローフ型1台分）

カラメルソース
　グラニュー糖…100g
　水…70mℓ

プディング生地
　牛乳…450mℓ
　卵…3個
　砂糖…80g
ブリオッシュ…1斤（275g）
干しあんず…100g
ブランデー…50mℓ

ブリオッシュ
食パンより卵やバターをふんだんに使用した、フランス発祥のパン。甘い口当たりと芳醇な香りが特徴。

下準備
- 温めたブランデーに干しあんずを10分ほどつける。ブランデーに干しあんずを入れ、電子レンジで30秒加熱してもOK。
- 型にオーブンシートを敷く。
- オーブンは160℃に予熱する。

作り方

1　カラメルソースを作る。鍋にグラニュー糖と水の半量を入れ、火にかけて焦げ茶色になるまで加熱する。火から下ろし、鍋底を水につけ、カラメルの進行を止める。残りの水を加えて再び弱火にかけ、固まったカラメルを溶かす。溶けたら、型に流し入れる（*a*）。

2　ブリオッシュは適当な大きさにスライスする。

3　バットにプディング生地の材料を混ぜて2を10分ほどつけ（*b*）、途中で裏返す。

4　*1* の型に3のブリオッシュ、干しあんず、ブリオッシュの順（*c*）に敷き詰める。上にラップとアルミホイルをかぶせる。

5　天板にバットをのせ、4の型をのせて型の半分の高さまで熱湯を注ぐ。160℃のオーブンに入れ、約1時間焼く。
＊ブリオッシュは、頭に帽子をのせたような丸い形の小さなサイズが一般的。ブリオッシュのかわりに、食パンやかたくなったバゲットを使ってもよい。
＊手持ちの型に合わせて、生地量を半分で作っても。

a　*b*　*c*

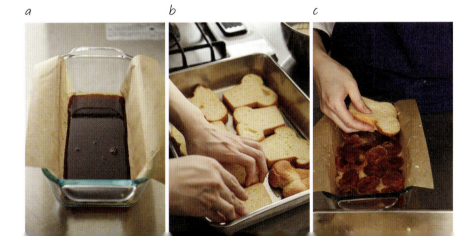

デミタスカップでも十分満足な、とろける濃厚コーヒープリン。

ポ・ド・クレーム・カフェ

材料（容量80mlのカップ5個分）

インスタントコーヒー…5g
水…35ml
卵黄…2個分
牛乳…250ml
グラニュー糖…60g

下準備
- オーブンは160℃に予熱する。

作り方

1 鍋に分量の水を入れて沸かし、インスタントコーヒーを加えて溶かす。グラニュー糖、牛乳を加えて、沸騰させないように、混ぜながらグラニュー糖を溶かす。

2 ボウルに卵黄を入れて泡立て器でよく混ぜ、1を加えてざるやこし器でこす。

3 カップに2を八分目まで流し入れる。天板にバットをのせ、カップを並べて半分の高さまで熱湯を注ぎ、アルミホイルで表面をカバーする。

4 160℃のオーブンに入れ、45〜55分焼く。十分に冷やして食べる。

プリンのような生地にぶどうの甘酸っぱさがしみ込んだ、フルーティーなおいしさ。

ぶどうのクラフティ

材料（容量250mlのグラタン皿2個分）

種なしぶどう…150g
卵…1個
グラニュー糖…40g
薄力粉…大さじ1/2
生クリーム（乳脂肪分45%）…200ml
キルシュ酒…25ml

下準備

- グラタン皿の内側に薄くバター（分量外）を塗る。
- オーブンは190℃に予熱する。

作り方

1 ぶどうはさっと洗い、水気をよくきってグラタン皿に等分に入れる。

2 ボウルに卵を溶き、グラニュー糖を加えて泡立て器で混ぜ、薄力粉を加えて混ぜる。生クリーム、キルシュ酒の順に加えて混ぜ合わせる。

3 2を1の皿に等分に流し入れる。

4 190℃のオーブンに入れ、30〜40分焼く。粗熱を取り、冷蔵庫で2時間以上しっかりと冷やす。
＊クラフティにはぶどうのほか、いちご、さくらんぼ、洋梨などのフルーツでも。

プリン生地をメレンゲでふくらませた
しっとりケーキ風プリン。
卵の風味がしっかり味わえます。
小さくココット型で焼いても。

スフレプリン

材料（直径15cmの丸型1台分）

卵黄…3個分
牛乳…大さじ2
薄力粉…45g
ベーキングパウダー…3g
卵白…3個分
グラニュー糖…90g
バニラビーンズ…1/3本

カラメルソース
　砂糖…30g
　水…50㎖

下準備

- バニラビーンズは縦に切り目を入れて開き、種子を包丁でしごいて取り出す。
- 型に薄くバターを塗り、グラニュー糖（ともに分量外）をまぶし、余分な砂糖ははたいて落とす。
- オーブンは180℃に予熱する。

作り方

1. ボウルに卵黄を溶き、牛乳、バニラの種子を加えて泡立て器でよく混ぜ合わせる。薄力粉とベーキングパウダーを合わせてふるい入れ（a）、つやが出るまで混ぜる。
2. 卵白にグラニュー糖を小さじ1ほど加え、ハンドミキサーの最高速で泡立てる。ボリュームのある白いメレンゲになったら残りのグラニュー糖を2回に分けて加え、きめの整ったしっかりしたメレンゲを作る（b）。
3. 1にメレンゲの1/3量を加えて泡立て器でよく混ぜ合わせる。残りのメレンゲを加え、ゴムべらで均一になるまでさっくりと混ぜ（c）、型に入れる。
4. 180℃のオーブンで約25分焼いて粗熱を取る。
5. カラメルソースを作る。鍋に砂糖と少量の水（分量外）を入れ、火にかけて焦げ茶色になるまで加熱する。火から下ろし、鍋底を水につけ、カラメルの進行を止める。分量の水を加えて再び弱火にかけ、固まったカラメルを溶かす。
6. 4をカットし、食べるときにカラメルソースをかける。

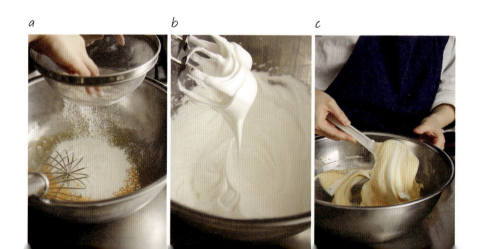

a　　　　　　b　　　　　　c

藤野さんのもてなしプリン

夏でもさわやかに、デザート感覚で食べられるプリンをと考えたのがこのレシピ。プリン液以外にゼリーに、カラメルと、グレープフルーツ三昧。グレープフルーツのほろ苦さが大人の味わいで、あと味すっきり。ポーションで作るので、お持たせにもおすすめです。

グレープフルーツのプリン

材料（容量100mlの耐熱グラス4個分）

グレープフルーツカラメルソース
- グレープフルーツジュース（果汁100%）… 40ml
- グラニュー糖 … 50g

プリン液
- 牛乳 … 250ml
- 卵 … 1個
- 卵黄 … 2個分
- グラニュー糖 … 50g
- 生クリーム（乳脂肪分45%）… 45ml
- グレープフルーツの皮の白い部分 … 1/2個分

グレープフルーツゼリー
- グレープフルーツジュース（果汁100%）… 200ml
- グラニュー糖 … 40g
- 板ゼラチン … 3g

- グレープフルーツの果肉（ルビー、ホワイト）… 各適量
- ミント（あれば）… 適量

下準備

- 板ゼラチンはたっぷりの氷水でふやかす。
- 牛乳にグレープフルーツの皮の白い部分を加えて、2時間を目安につける。
- オーブンは150℃に予熱する。

---

profile

藤野貴子（ふじの・たかこ）
菓子研究家。父はフランス料理のシェフ、母は料理研究家という料理人一家で育つ。2014年渡仏。老舗レストランでパティシエールとしてデザートを担当する。帰国後、「藤野貴子のお菓子教室」、「簡単まじめおかし教室」を主宰。近著に『レモンで作るおいしいデザート』（成美堂出版）。

作り方

1. カラメルソースを作る。鍋にグラニュー糖と少量の水（分量外）を入れ、中火にかけて焦げ茶色になるまで加熱する。火から下ろし、グレープフルーツジュースを加えてカラメルの進行を止める。弱火にかけて少し煮詰め、グラスに流し入れる。冷凍庫に入れ、カラメルを固める。

2. ゼリーを作る。鍋にグレープフルーツジュースとグラニュー糖を入れ、温める。ふやかしたゼラチンを加えて溶かし、バットに流し入れて冷蔵庫で固める。

3. 下準備した牛乳を鍋に移し、人肌まで温める。

4. ボウルに卵、卵黄、グラニュー糖を入れて泡立て器で混ぜ、3の牛乳を加えてこし器でこす。さらに生クリームを加えて混ぜる。

5. 1のグラスに4を八分目ほど流し、天板にのせたバットに並べる。グラスの半分の高さまで熱湯を注ぎ、アルミホイルで表面をカバーする。

6. 150℃のオーブンに入れ、40〜50分焼く。グラスを揺らし、表面全体が動くようになったらOK。

7. オーブンから取り出して粗熱を取り、冷蔵庫で2時間以上冷やす。仕上げに2のゼリーとグレープフルーツの果肉、ミントを飾る。

Column

残った卵白が主役のお菓子

プリン作りで、卵白が1個分とか2個分残ったらメレンゲのお菓子に変身させましょう。
残った卵白は冷凍しておくといつでも使えて便利です。

卵白1個分で作る
ココナッツマカロン

卵白を湯煎で温めながら泡立てた
メレンゲで作る、簡単マカロン。
カリカリした歯ごたえとココナッツ風味で、
ついもう1個と手が伸びます。

卵白2個分で作る
フィナンシェ

しっとりとした舌ざわりと
芳醇な焦がしバターの香りのフィナンシェ。
専用のインゴット型ではなく、
手軽にパウンド型で焼けるのも魅力。

Column

> 卵白1個分で

ココナッツ マカロン

材料（約6cm大、20〜25個分）
卵白…1個分(40g)
グラニュー糖…100g
ココナッツファイン…70g
薄力粉…大さじ1/2

下準備
- 天板にオーブンシートを敷く。
- オーブンは170℃に予熱する。

作り方

1. ボウルに卵白とグラニュー糖を入れて泡立て器で混ぜ合わせ、湯煎にかけながら砂糖を溶かす（*a*）。卵白の温度が45℃ほどになったら湯煎からはずす。
2. 泡立て器をハンドミキサーにかえて、時間をかけてしっかりと泡立て、角が立ったメレンゲを作る（*b*）。
3. 2にココナッツファインとふるった薄力粉を加え、ゴムべらで均一になるまで混ぜる（*c*）。
4. 天板にスプーン2本を使って（*d*）、500円玉くらいの大きさにメレンゲを形作る。170℃のオーブンに入れ、18〜20分焼く。
   ＊乾燥剤を入れた保存容器で2週間ほど保存できる。

a　　*b*　　*c*　　*d*

フィナンシェ

卵白2個分で

材料（8.5×19×高さ6cmのパウンド型1台分）
卵白…2個分(80g)
A ┌ 薄力粉…25g
  │ アーモンドパウダー…25g
  │ 粉砂糖…25g
  └ グラニュー糖…45g
バター…55g

下準備
- 型に溶かしバター（分量外）をはけで薄く塗り、冷やしておく。
- オーブンは200℃に予熱する。

作り方
1. ボウルに合わせたAの粉類をふるい入れる。
2. 1に卵白を加え、泡立て器でよくすり混ぜる（a）。
3. 焦がしバターを作る。鍋にバターを入れて中火にかけ、混ぜながらきつね色になり、バターのいい香りがするまで熱する。水を張ったボウルに鍋底をつけ、焦げを止める（b）。
4. 2の生地に粗熱を取った3を加え、なめらかになるまで混ぜ合わせる（c）。
5. 型に生地を流し（d）、200～220℃のオーブンに入れて20分ほどこんがりと黄金色になるまで焼く。焼き上がったら、すぐに型からはずし、粗熱を取る。

＊常温まで冷めたころがおいしい。翌日、さっと温めて食べるとよい。

おいしいプリン作りの
コツ＆アイディア

プリン液について

・卵を溶きほぐすとき

泡立て器を左右に動かして、卵のコシを切るように溶きほぐすこと。泡立てないように注意する。生地に空気を抱き込ませるとすの原因に。（皆さん）

・泡を取り除く方法

ペーパータオルをかぶせ、静かにはずして取り除く。（柳瀬さん）

注ぎ口のついた計量カップなどにこし器を通して入れ、スプーンで寄せて取り除く。（高吉さん）

食品用のアルコールをスプレーして取り除く。水を霧吹きでスプレーしてもよい。（藤野さん、柳瀬さん）

・型に注ぐとき

プリン液は注ぎ口のついた計量カップなどに移すと、きれいに注げる。泡を立てないように静かに注ぎ入れること。（皆さん）

プリンはシンプルなレシピだけに、おいしく、きれいに作るためには、ちょっとしたコツやアイディアがあります。4人の先生方のレシピから、ピックアップしてご紹介します。

オーブンで焼くときに

型をアルミホイルでカバーすると、オーブンの上火の当たり方がやさしくなり、表面（器に取り出すと底になる部分）がかたくなるのを防止。またすも入りにくくなる。（高吉さん、藤野さん）

湯煎焼きするとき、バットにペーパータオルを敷いて型を並べると、型がすべらず安定する。（柳瀬さん）

型からはずすときに

プリンを型からはずすときに失敗したくない人に。下準備で型の側面にごく薄くバターを指で塗っておくと、型から取り出すのがスムーズに。（星谷さん）

ゼラチンで固めるプリンを型からはずす場合、容器に入れた熱湯に型をなるべく上のほうまでつけると、取り出しやすい。（星谷さん）

カラメルソースについて

・もう1つのカラメルソースの作り方

本書では、砂糖と水をカラメル色まで煮詰めて、熱湯を注ぐタイプのカラメルソースがベースです。煙が出たり、熱い蒸気が上がったりするとあわてて焦ってしまう方におすすめの、こんな方法も。

1_ 鍋に砂糖と水の半量を入れ、中火にかけて焦げ茶色になるまで加熱する。**2_** 鍋底を水につけ、カラメルの進行を止める。**3_** 残りの水を加えて弱火にかけ、固まったカラメルを溶かす。水につけて温度を下げることによって、カラメルの進行が止まり、これ以上焦げることもないので安心して作業できる。(藤野さん)

・カラメルソースの保存

カラメルソースは多めに作っておくと便利。清潔な保存容器に入れれば、常温で長期間保存可能。プリンのほか、コーヒー、紅茶や牛乳に加えたり、フルーツをマリネしてもおいしい。(柳瀬さん)

バニラビーンズは無駄なく利用

バニラビーンズはハレとケで使い分けを。ハレの日には種子だけを使い、ふだん使いには取っておいたさや(瓶に入れて保存)を牛乳の中で洗うと、風味と残った種子を楽しめる。栗の渋皮煮にも使用。(柳瀬さん)

左が未使用。真ん中は焼き菓子などに種子だけを使用したもの。牛乳などと煮出してプリンなどに使う。右がプリンやカスタードクリームなどに使用したものを、洗って干して乾燥させたもの。ジャムを保存容器に詰めるときの香りづけに。(藤野さん)

使い終わったバニラのさや。洗ってよく乾燥させてグラニュー糖に混ぜておくと、砂糖に甘い香りが移ったバニラシュガーに。(星谷さん)

プリンの道具

プリン作りの道具は、お菓子作りの基本的な道具で大丈夫、特別なものは必要ありません。

バット
プリンをオーブンで湯煎焼きするときに天板の上に置き、お湯を注いで使います。手持ちの型やオーブンの大きさに合わせて、深さがある耐熱性のものを。

蒸し器
蒸気の上がったところに型をのせて使用。熱の当たりがやわらかく、ぷるんとした食感のプリンに仕上がります。

計量カップ
牛乳や生クリームなどの液体を量るほか、注ぎ口のついた容器として使用。こしたプリン液を入れるとこぼさず注げます。

ゴムべら
生地をさっくり混ぜるときや、ゼラチンを加えて混ぜるとき、ソースを作るときなどに使います。継ぎ目のない、柄まで一体化した耐熱シリコン製がおすすめ。

泡立て器
ワイヤーの数が多く、長さが30cmほどのものが、力が入りやすく混ぜやすい。柄のしっかりした、握りやすいものを選びましょう。

ペーパータオル
オーブンで湯煎焼きするときにバットに敷いたり、プリン液の泡を取り除くときに使用します。

鍋
カラメルを作るとき、牛乳を温めるときなどに使用。直径20cmほどの厚手のものが使いやすい。

ボウル
卵を溶きほぐす、プリン液を混ぜ合わせるときに使用。少し大きめの直径24cmほどのステンレス製がおすすめ。

こし器、ざる
プリン液をこすときに使用。目の細かいタイプがなめらかに仕上がります。

[プリン製作]

柳瀬久美子（表紙、p.09〜26、プリンの材料、道具のアドバイス）
星谷菜々（p.27〜44）
高吉洋江（p.45〜60）
藤野貴子（p.61〜75）

＼ごちそうさま／

表紙のレシピ

材料（直径14cmのシャルロット型1台分）
カラメルソース
　砂糖…100g
　水…25㎖
　熱湯…50㎖
プリン液
　卵…4個
　卵黄…4個分
　牛乳…500㎖
　生クリーム…50㎖
　グラニュー糖…100g
　バニラビーンズ…1/2本

作り方
p.10〜14を参照してカラメルソース、プリン液を作り、型に流す。160℃のオーブンで約15分、140℃に下げて約1時間、湯煎焼きにする。冷蔵庫で冷やし、型からはずす。

濃いめがおいしい 至福のプリン

2019年 7月20日　第1刷発行
2023年11月10日　第9刷発行

発行者　　木下春雄
発行所　　一般社団法人　家の光協会
　　　　　〒162-8448
　　　　　東京都新宿区市谷船河原町11
　　　　　電話　03-3266-9029（販売）
　　　　　　　　03-3266-9028（編集）
振　替　　00150-1-4724
印刷・製本　図書印刷株式会社

乱丁・落丁本はお取り替えいたします。
定価はカバーに表示してあります。
©IE-NO-HIKARI Association 2019 printed in Japan
ISBN978-4-259-56623-4　C0077

デザイン　　鳥沢智沙（sunshine bird graphic）
撮影　　　　福尾美雪
企画・編集　内山美恵子
校正　　　　小森　泉
DTP制作　　天龍社
協力　　　　cotta（コッタ）